# UNE RÉVOLUTION DOIT AVOIR UN TERME.

PAR

LE COMTE DONATIEN DE SESMAISONS.

PARIS,

LE NORMANT, IMPRIMEUR-LIBRAIRE.

1816.

Imprimerie de LE NORMANT, rue de Seine, n°. 8.

Sɪ je n'avois été retenu par le respect, j'aurois désiré faire hommage de cet écrit à mon Roɪ.

Mais, n'étant point autorisé à le lui offrir, il ne sera du moins adressé à aucun parti.

Pour l'écrire, j'ai cherché autour de moi la vérité, et dans mon cœur les plus nobles sentimens dont je puisse m'honorer.

Les liens du sang, ceux du respect, ne me permettent pas de porter ma pensée sur M. le Chancelier, quand je parle du Ministère. Il ne m'appartient point de l'en séparer ni de l'y joindre.

Cet ouvrage, à son égard, n'est donc qu'une occasion de publier mon tendre, mon inviolable attachement, pour lui ma reconnoissance de ses bontés, mon admiration pour ses talens, et ma vénération pour ses vertus.

# TABLE DES MATIERES.

## PREMIÈRE PARTIE.

### De l'Esprit de la révolution.



## DEUXIÈME PARTIE.

### De ce qui perpétue l'Esprit de Révolution.

# TROISIÈME PARTIE.

## Des Moyens de mettre un terme à l'esprit de la Révolution.

# UNE RÉVOLUTION

## DOIT AVOIR

## UN TERME.

# PREMIÈRE PARTIE.

De l'esprit de la Révolution.

—

## §. I<sup>er</sup>.

### But de la Révolution.

DEPUIS vingt ans la France ne s'étoit pas trouvée dans une position aussi critique. En 1793, la révolution étoit achevée, et ses excès la faisoient déjà détester ; enfin, depuis 1796,

chaque année avoit apporté quelque soulage-
ment à ce malheureux royaume. Les lois
avoient commencé à renaître, les exilés etoient
revenus errer autour des lieux de leur naissance, et un grand nombre retrouva des débris
que la révolution n'avoit pas eu le temps de
dévorer. Beaucoup d'autres, et nous aimons à
le proclamer, trouvèrent, dans les acquéreurs
de leurs biens, des hommes qui ne furent pas
sans pitié, ou, pour mieux dire, sans justice.
Les armées offrirent une ressource à tous ceux
qui voulurent mettre leur malheur à l'abri de
la gloire. Les autels se relevèrent, et l'ordre
présida de nouveau à la société, sous un homme
dont les mains étrangères et usurpatrices pan-
sèrent les plaies les plus profondes de la France,
en même temps qu'il lui portoit des coups qui
devoient les faire saigner encore. Mais cette fois
du moins, un terme étoit promis à ses maux.
Elle fut vaincue pour être heureuse ; et enfin
elle sembloit se reposer dans une sécurité im-
perturbable sous le Roi légitime qui lui étoit
rendu.

Le Roi apportoit une constitution. La révolution, ou du moins ce qui n'est pas coupable

où dégoûtant dans la révolution avoit été fait pour obtenir une constitution. Celle qui nous étoit donnée n'étoit pas le fruit du délire ; elle avoit été méditée après que vingt ans d'épreuves eurent écarté les chimères et éprouvé les institutions sages. Aussi elle sembloit n'avoir été différée qu'afin d'être présentée meilleure et plus précieuse pour tous , puisqu'elle réalisoit les espérances de ceux qui l'avoient désirée , jusqu'à risquer l'anarchie pour en jouir , et qu'elle consoloit par tant de dispositions ceux qui avoient souffert pour maintenir l'autorité légitime.

Un reste impur de ces agitateurs qui fondoient leur espoir sur le despotisme , ou leur profit sur le désordre , s'unit pour repousser la tranquillité qui venoit d'être rendue. Quels autres ennemis eut le Roi ? Aucun autre sans doute. Mais il eut des amis foibles , puisque ses serviteurs n'élevèrent pas une muraille entre eux et les anarchistes. Ces amis le perdirent. Une conduite timide , des ménagemens qui ne réussissent jamais avec le crime, entraînèrent insensiblement le Roi dans une nouvelle chute , et ne lui laissèrent pas même la gloire d'une inutile résistance. Il ne fut pas renversé du trône ; la trahison l'y entoura comme d'un filet.

Quels étoient ces amis du Roi ?

Les uns des serviteurs qui avoient consacré leurs vies à la défense de sa cause , soit qu'ils s'y fussent dévoués par principe ou par sentiment , ou qu'ils y eussent été entraînés par les circonstances. L'effet étoit le même.

A ceux-ci se joignoient des hommes d'honneur , amis du repos et de l'ordre , et le retrouvant dans la légitimité , aimant le Roi , plus encore la monarchie , et voyant le Roi dans la monarchie ; gens honnêtes , sages , forts , ayant mis à profit l'expérience de l'histoire et la leur , se décidant par l'amour du bien , ayant une haine invincible pour ce qui est factieux comme pour ce qui est bas , et retrouvant avec enthousiasme cet avenir de vertu et d'espoir qu'ils n'avoient plus attendu de la destinée.

Les autres étoient les amis dévoués de tout pouvoir établi et dispensateur des emplois ; aimant le Roi pour eux-mêmes plus que pour la chose publique , d'ailleurs se souciant peu d'une légimité dont ils n'avoient point intention de suivre les chances , toujours prêts à faire un rempart de leur corps à celui qui les paye ; jouant sur les événemens comme sur des fonds publics, faisant monter au gré de leur intérêt les actions du pouvoir de fait ou du pouvoir de droit, et principalement disposés à préférer celui auquel ils imposeroient des obligations, à celui qui se croiroit fort de ses droits légitimes.

On ne nous accusera pas de trop de sévérité quand nous dirons qu'à l'époque du 20 mars tous ces hommes, sans différence, étoient aux yeux de la politique, des amis du Roi.

Les uns continuèrent à vouloir partager ses infortunes, ou mirent tout en usage pour préparer son retour ; les autres l'abandonnèrent. Parmi eux quelques-uns, plus adroits, mais plus méprisables, essayèrent de se déguiser encore, et n'approchèrent du butin qu'à pas comptés, ou se contentèrent d'encourager les plus hardis à moissonner pour venir prendre leur part quand il n'y auroit plus de danger.

Le ciel favorisa la cause de la justice ; le Roi fut fidèle à ses principes de sagesse et de générosité ; il ne se départit pas de la Charte qu'il avoit donnée, parce que quelques hommes l'avoient rejetée ; il ne punit pas tout un peuple, parce que quelques-uns s'étoient rendus coupables. La Charte fut donc encore la loi des Français.

## §. II.

#### De la Charte, et des intérêts qu'elle touche.

La Charte !... A ce nom chacun dit : Je la veux. Et pourquoi donc vous disputez-vous ? Seroit-ce que chacun de vous la voudroit pour lui seul ? Le Roi la veut pour tous. Est-ce que chacun de vous s'en feroit une égide pour défendre d'autres prétentions, et n'en voudroit pas si elle contrarioit ses vues ? C'est aussi ce que l'on pourroit soupçonner.

Il y a un moyen infaillible d'en juger. Examinons les intérêts.

Deux partis ( je voudrois avoir un autre mot pour exprimer cette dissidence ) se font remarquer en France. Les royalistes, qui ne tiennent pas à un gouvernement représentatif, pourvu que leur existence ne soit pas menacée; ils aiment l'ordre, dont ils trouvent la garantie dans un pouvoir suprême et unique, et détestent la révolution, parce qu'elle a tout détruit, et qu'eux-mêmes ont été engloutis dans cet affreux naufrage. Ces hommes cependant ne voudroient pas vivre sous le despotisme ; leurs idées, puisées dans l'histoire du passé, leur apprennent à désirer une barrière au pouvoir arbitraire. Sans tenir précisément à la forme du gouvernement secondaire, ils veulent un corps de loi qui soit respecté par le prince. Ils sont persuadés que les mœurs d'une nation sont ses plus fortes institutions.

Les royalistes, tels que je viens de les représenter, sont principalement composés de l'ancienne noblesse, qui, par ses antiques et continuels services, se croit, en tout état de choses, appelée à un rang distingué. Habituée à ne connoître que le Roi, elle n'auroit point demandé une représentation nationale, trop souvent prête à contrôler le Souverain ; mais elle voit avec plaisir une assemblée où puissent être exposés respectueusement les besoins et les vœux de la société, où elle pourra développer les siens, bien sûre de ne pas manquer à ce qu'elle doit à la majesté du trône.

Les militaires, que les discussions ennuient,

viennent se joindre à elle, ainsi que la masse des propriétaires et des gens de toutes les classes, qui, sans ambition, ne demandent que leur tranquillité.

On doit aussi ranger parmi eux le peuple, qui ne comprend pas les affaires, qui est dégoûté des choses nouvelles, depuis qu'il s'est vu entraîné dans des erreurs coupables, et qui ne veut plus pour guide que des hommes vertueux, manière sage et honorable de se décider, quand le jugement propre ne sauroit conseiller.

Dans ces différentes classes, les nobles réclament la Charte, parce que c'est un corps de lois, et qu'elle garantit leur existence, qui, sans elle, dans un moment où les passions écartent le jugement, seroit aveuglément attaquée par tout ce qui ne lui appartient pas. Les militaires aiment la Charte, parce qu'elle est la loi de la patrie, et ils la défendent comme ils défendroient les terres du royaume. Le peuple lui est attaché, parce qu'il sait que c'est une loi, et qu'elle doit finir la révolution, c'est-à-dire mettre un terme à l'époque où il n'y avoit pas de loi.

Voilà, selon nous, comment tout ce grand parti, qui forme la majorité par le nombre, qui s'attire la considération par le rang, et qui commande les égards par l'étendue de ses propriétés, respecte la Charte, l'aime sincèrement, et la réclame.

L'autre parti ne voudroit pas un autre gouvernement que le gouvernement représentatif. Il le regarde comme le palladium de ses intérêts. Ce parti, je le nommerai le parti constitutionnel (1).

Le gouvernement représentatif ouvre une carrière à toutes les ambitions. On n'examine pas si c'est le plus paisible dans l'intérieur et le plus défensif à l'extérieur, dans un Etat

______________

(1) En appelant l'un des partis royaliste, et l'autre constitutionnel, nous ne croyons pas nous être servis d'expressions qui ne soient également honorables : tous les deux partis sont royalistes ; tous les deux sont constitutionnels ; mais chacun croyant l'être par excellence, s'est lui-même donné les appellations dont je me sers. Elles suffisent au reste pour les distinguer fortement des révolutionnaires, espèce d'hommes qui n'est pas encore lasse de crimes, et dont cet ouvrage ne s'occupe que comme d'une faction, que comme on parle des serpens dans l'histoire de la nature, parce qu'ils existent, quoique sous les pieds, et qu'ils ne cessent de préparer leurs venins.

touché de toutes parts par des voisins puissans.
Il offre des espérances à tous les amours
propres : c'est assez.

Outre ce grand intérêt, son établissement
consacre encore une grande partie des for-
tunes et des honneurs que la révolution a
créés ; il est donc désiré et soutenu :

Par tout ce que la révolution a illustré ;
je veux désigner la noblesse nouvelle ;

Par tout ce qui n'étant pas de l'une ou de
l'autre noblesse, lui ressemble par l'existence,
par l'éducation, par la fortune, et que je
nommerai aussi d'un nom presque semblable,
du nom le plus honorable que je puisse trouver,
les notables ;

Par les hommes de loi, les savans, les gens
de lettres, les riches bourgeois, les gros arti-
sans, et cette partie du menu peuple qui croit
tout savoir ;

Enfin par les hommes de toutes les classes
qui possèdent des biens nationaux.

De même que je l'ai fait pour le parti royaliste, je développerai pourquoi les différentes
classes constitutionnelles aiment la Charte.

La noblesse aime la Charte, parce qu'elle

lui reconnoît des titres à la gloire, et qu'elle l'assimile dans la monarchie à ceux qui lui ont rendu les plus grands et les plus anciens services. Les nouveaux nobles y trouvent aussi le gage de l'estime d'hommes qu'ils estiment eux-mêmes, des anciens nobles. Cette estime réciproque ne pourra que croître encore quand le temps aura effacé quelques détails pénibles dans les souvenirs, et quand les intérêts et les familles seront confondues.

Les notables sont attachés à la Charte; parce que, quelque mal qu'on dise d'un rang où l'on n'a pas atteint, on aime la loi qui vous offre l'espérance d'y parvenir. Aucune restriction ne défend d'aspirer à l'ordre de la noblesse. Le Roi fait des nobles tant qu'il lui plaît, et il choisira sans doute parmi les notables ceux qui se feront remarquer par leur mérite. D'ailleurs la Charte n'admet point de distinction de rang pour la pussession des charges : les notables aiment donc la Charte.

Les bourgeois, comme les notables, ne voient aucuue barrière entr'eux, et les plus grandes dignités de l'Etat. Ils ignorent qu'autrefois il y avoit un grand nombre de ces charges occupées par des personnes de leur classe qu'ils ne reconnoissent plus, tant elles étoient en possession de tous les avantages des classes supérieures. Ils veulent posséder à titre de droit ces mêmes avantages qu'ils possédoient jadis de fait. Cette prérogative découle de la Charte ; et la bourgeoisie doit donc la chérir.

Quant aux acquéreurs de biens nationaux, ils y voient une garantie de leur propriété.

On pourroit donc dire que les deux partis aiment et défendent la Charte, et cependant, comme nous l'avons dit, les deux partis sont dans le plus grand dissentiment (1).

_____

(1) Ceux des royalistes qui se voient repoussés pourroient dire à ceux des constitutionnels qui veulent tout prétendre : Vous aimez la Charte parce qu'elle assure vos droits ; laissez-nous y trouver l'assurance des nôtres. Il est juste que cette loi française nous soit commune avec vous : vous ne pouvez pas vouloir qu'elle nous proscrive.

Mais nous repousserez-vous des places et des avantages publics, en disant que nous *n'aimons pas la Charte*, que nous *ne pouvons pas l'aimer ?* Si nous voulions vous écarter, sans doute nous ne l'aimerions pas, puisqu'elle consacre les droits de tous ; mais nous voulons tous être frères, nous désavouons tout autre sentiment ; nous trouvons donc la Charte juste, et nous l'aimons. Vous dites qu'elle sera surtout chérie, parce qu'elle conserve les droits acquis ; à ce titre, qui doit la chérir plus que nous ?

Eh bien! nous expliquerons ce problème ; ou plutôt nous dirons hautement ce que chacun sait, ce que tout le monde s'obstine à taire. Il y a dans la Charte une chose unique que veulent les royalistes, que ne veulent pas tous les constitutionnels, parce qu'ils craignent qu'elle ne soit pas établie dans un sens conforme à l'esprit qui a dicté le grand acte où cet article est inséré, cet article dont on ne s'est pas occupé depuis, comme s'il devoit s'exécuter de lui-même. C'est dans cet article qu'est tout le secret de la perpétuité de la révolution. L'ordre veut que nous en traitions dans un autre chapitre. Disons seulement ici que la Charte est le vœu, le vœu ardent, unique de tous, et que soit qu'elle constitue un mode de gouvernement heureux pour l'Etat, comme nous le croyons, soit qu'elle ne présente qu'un remède à nos discordes, comme d'autres le pensent, personne ne songe à s'y soustraire.

## §. III.

De la manière dont s'est formée la Représentation nationale depuis que nous avons la Charte.

---

A son retour de Gand, le Roi rassembla les colléges électoraux pour nommer une chambre de députés (1). La France entière s'empressa de se rendre à ces colléges (2); ils avoient été formés dans les temps de la domination de Buonaparte. Ils furent assemblés par des ministres qui tous avoient été éminens sous

---

(1) On doit remarquer, à la gloire des colléges électoraux de France, que lors de l'envahissement de Buonaparte ils furent convoqués, et que presqu'aucun ne se trouva en nombre suffisant pour procéder. Ainsi, ces jours sont bien nommés les jours de l'épreuve ! même en les consultant avec une sage indulgence pour le malheur, la dépendance, et pour la foiblesse,

(2) Il y avoit des adjonctions impériales, comme il y avoit des adjonctions royales.

d'autres gouvernemens, ministres qui ont toujours fait prévaloir un système de modération,
système que nous louons dans une juste mesure. Enfin, pendant que ces conseils agissoient,
Fouché..... ( à Dieu ne plaise que l'on confonde
ce nom avec les autres noms de ce ministère!
mais il est un garant que les élections ne furent
pas violentées dans un sens royaliste ; ) Fouché dirigeoit la police.

Les colléges nommèrent presqu'à l'unanimité
les députés que nous avons vu figurer à la session de 1815. Quelques noms coupables ne
purent souiller les votes, sans que la réproba-
tion générale ne fît justice de cette insulte à nos
meilleurs destins.

Cette chambre a été assemblée. On s'est
long-temps félicité de ses principes. Les ministres long-temps aussi furent regardés par
elle comme des pouvoirs tutélaires de l'ordre.
Ils y ont présenté plusieurs lois importantes ,
une seule(1) inutile : celle là seule a été rejetée.
Le plus grand nombre des propositions y ont
été faites dans un sens auquel le ministère ne

_______________________

(1) Sur la Cour de cassation.

sauroit refuser son approbation, Quelques-unes ont paru intempestives, ou contraires à la marche du gouvernement ; on n'y a pas donné de suite.

Cette chambre, le Roi l'a qualifiée d'introuvable ; cependant le ministère et elle ont bientôt été dissidens.

Quelques membres de la chambre se sont écriés que les ministres perdroient le royaume volontairement et comme par trahison, en entraînant le Roi sur la même voie que l'année dernière ; et la défiance envers le ministère est devenue extrême.

Le langage de la majorité a été plus mesuré : « Les ministres, a-t-elle dit, sont timides, » quand ils croient être sages. Ils n'osent mar- » cher avec la confiance que donnent des prin- » cipes moraux, et la révolution qui se presse » sur leurs traces, les rattrapera, les dépas- » sera, les entraînera. Pourquoi se remettre » dans la même route que l'année dernière ? » Cette route est pleine de difficultés, et mène » à un précipice. Pourquoi, surtout, y prendre » pour guides ceux qui, l'année dernière, y » conduisirent le gouvernement à sa perte ?

» Que le ministère fasse la séparation parmi
» nous, de ceux qui voudroient parler au nom
» de l'impossible, au nom de ce que les mœurs,
» les besoins des temps ont changé, au nom
» de ce qui n'est pas même regrettable, et de
» ceux qui parlent au nom de l'expérience,
» au nom de ce que tout ce qui est honnête,
» appelle de ses vœux, au nom de tout ce que
» la France demande pour son repos. Ainsi
» l'annulation des ventes des biens nationaux,
» l'opulence oisive d'un clergé, des priviléges
» mortifians de noblesse tels que des vainqueurs
» en imposeroient à des vaincus, ne sont point
» ce que nous réelamons. Ce que nous récla-
» mons, au contraire, c'est ce qui peut assurer
» la possession de la propriété sans une injus-
» tice éternelle; c'est une morale enseignée par
» des hommes de bonnes mœurs; c'est l'ordre
» dans tous les rangs de la société; c'est la ré-
» compense de tout mérite par l'honneur,
» quand ce mérite sera accompagné de la vertu :
» voilà ce que nous voulons, et notre voix est
» forte, c'est celle du nombre, c'est le cri de
» l'élite. »

Si quelquefois cette majorité s'est laissée

entraîner à trop de chaleur, ou à montrer une méfiance qui a paru injurieuse aux ministres, de son côté le ministère a trop peu écouté ces réclamations, et a confondu la voix de la raison avec celle de l'erreur. Il s'est irrité de représentations ; car des oppositions formelles aux lois, il n'y en a pas à citer.

Le budget tant attendu a fini par être présenté. Dès lors, plus de dissidence que sur les moyens de faire la somme ; car on n'a pas disputé le montant, et nous sommes persuadés que toute chambre des communes a le droit de régler les impôts.

Enfin on termine la session. Aucune plainte ne s'élève que vaguement, et c'est au bout de quelque temps que l'on attaque la chambre. Il n'y a dans cette conduite aucune force. Y a-t-il de l'adresse ? Non, car on ne pensoit pas alors à dissoudre la chambre. Elle étoit au contraire convoquée. On se faisoit donc des ennemis de gens que l'on appeloit à exercer une partie du pouvoir.

Ce qui devoit arriver a eu lieu. Les députés ont signalé à l'avance leurs reproches aux ministres, et le retour de la chambre a été menaçant pour eux ; dès lors on a pensé à s'en défaire. Rien ne présentoit cependant plus de difficulté. On a senti que l'ordonnance, qui détruisoit une telle chambre, si elle étoit en soi une mesure telle qu'on la croyoit, prudente et sage, n'en releveroit pas moins en même temps les espérances des révolutionnaires. Alors on a inventé de bonne foi une classe d'hommes impassibles sous le nom de modérés, qui devoient seuls s'emparer de l'ordonnance et en exploiter les avantages. Illusion politique ! Il étoit clair que la modération ne se commande pas ; qu'elle naît sans contrainte dans les circonstances paisibles, mais qu'elle ne pouvoit être le partage d'hommes appelés à décider de leurs plus graves intérêts au milieu de toutes les rivalités. On n'a voulu ni faire cette réflexion, ni l'écouter. On a dit qu'il y avoit de l'exagération dans la chambre (1), et que l'on faisoit un appel à la modération.

―――――――――――――――――――――――――――

(1) Elle n'a pas voulu aliéner les bois du clergé pour ne pas consacrer un *principe* de la révolution ; elle a voulu qu'aux élections la propriété fût représentée — Elle a voulu des épurations.

Qui a-t-il à objecter aux deux premiers objets ? — Les

Je veux supposer qu'il y eût de l'exagération dans la chambre ; que la vertu, la morale y soient devenues des passions ; que la leçon de la révolution eût inspiré de l'horreur pour tout ce qui conservoit une teinte de son immoralité profonde, et qu'enfin une inclination secrete se manifestât, de retourner vers les institutions qui ont précédé nos malheurs. Une telle exagération étoit appuyée par des gens honnêtes ; les noms les plus purs, les noms d'hommes qui jamais n'avoient démenti les inspirations de leur conscience, soutenoient ces maximes ; et si d'un autre côté elles étoient combattues, c'étoit du moins par des hommes généralement probes, qui pouvoient différer d'opinion avec leurs collègues sur certaines doctrines, mais qui étoient certainement attachés à la plus importante de toutes, à la légitimité. Il n'y avoit rien à craindre d'une telle chambre ; aussi étoit-on plein de sécurité dans les provinces.

---

épurations. — Il falloit en faire un certain nombre nécessaire franchement, promptement, ne pas seulement changer les coupables de département, puis s'arrêter, et que tout le monde fût tranquille. On a prolongé les inquiétudes sans satisfaire à ce qu'il y avoit de fondé dans la demande.

( 22 )

On y sentoit à peine l'action du gouvernement ; et les appréhensions ne s'étoient encore ouvert l'entrée que de quelques cabinets d'hommes en place et des salons de quelques sociétés de Paris (1).

Effectivement, comment la paix pouvoit-elle être troublée ? Je veux accorder que toutes les intentions de la majorité ne fussent pas admissibles, étoit-on forcé de les admettre ? La chambre des pairs , le Roi n'étoient-ils pas là pour mettre leur *veto* , ou pour examiner la proposition avec les yeux de la sagesse. Que de moyens n'avoit-on pas pour tenir en bride les ambitions particulières , et pour ne faire agréer que ce qui étoit du bien général ?

Nous disons donc que toute exagération pouvoit être réprimée : que seroit-ce si on démontroit qu'il n'y en avoit pas dans la majorité considérée comme ensemble ?

Quelle preuve en a - t - elle donnée ? Car

_______________

(1) Par l'approbation des principes des députés, et une sage réserve dans la manière de les mettre en œuvre, le ministère s'assuroit la majorité. — On eut vu alors unanimité ; car la minorité étoit assez dévouée aux ministres pour leur trouver *toujours* raison.

enfin on ne peut juger d'une chambre que par le résultat de ses travaux. Elle n'a pas traité, comme on le fit en 1814, la question délicate des indemnités des biens nationaux, elle n'a réclamé de priviléges pour aucune classe ; elle n'a pas voulu constituer le clergé comme un corps riche dans l'Etat, elle n'a mis d'intérêt qu'à le sauver de la détresse, moins pour lui-même que pour nous.

A-t-elle voulu frustrer les créanciers de l'ancien gouvernement, pour enrichir les partisans du nouvel ordre de choses ? Non : elle a voulu réduire au taux légal de 5 pour cent les intérêts à leur payer ; elle les a inscrits au livre de la dette publique, ces créanciers, qui avoient fait d'énormes bénéfices, et calculé toutes les chances des non-valeurs. Malgré nos détresses, elle les a respectés comme créanciers de l'Etat, et leur a fait éprouver la seule perte sur les rentes, lorsque tant d'autres créanciers de l'Etat ont perdu les deux tiers de leur capital, et souffrent aussi l'inévitable dépréciation des rentes sur ce qui leur reste.

A-t-elle sacrifié les intérêts du peuple ? Non : les intérêts des communes n'ont jamais été mieux défendus, et la question des fonds spéciaux est décidée comme la chambre la soutenoit, dans l'esprit de tous ceux qui ne sont pas appelés, ou à prélever tant pour cent sur ces biens de mineurs, ou à les dilapider.

A-t-elle voulu abuser du droit de recevoir des pétitions? Nous ne savons pas qu'une seule ait été lue qui pût être injurieuse au gouvernement.

A-t-elle refusé les impôts demandés? Ils sont tous accordés. Mais on les a discutés. Pourquoi pas? S'il y a une chose qui tombe essentiellement sous la discussion de la chambre, c'est le budget. Pourquoi le ministère prétendroit-il mieux faire que la chambre, la répartition des impôts? Il n'est pas entouré de plus de lumières qu'il n'y en a dans l'assemblée. Un budget n'est pas de ces choses qui demandent du coup d'œil, du secret, de la résolution; mais au contraire rien ne demande plus d'examen, de divulgation, plus d'accord entre les parties intéressées. Rien n'est plus consolant pour ceux qui paient les impôts, que de savoir avec quels soins ils ont été discutés. La chambre a donc sagement fait d'éclairer toutes les parties d'un budget où l'on avoit compris des propriétés foncières de l'Etat ; circonstance qui motivoit seule un examen plus approfondi que jamais. Le budget de la chambre a ménagé ces ressources précieuses, et se paie aujourd'hui sans difficulté.

Reste peut-être à lui faire le seul reproche qui puisse frapper les esprits : mais ce reproche ne touche pas à la morale ; il a trait à une forme de gouvernement sujette à discussion. La chambre *a pris l'initiative*, rien de plus vrai ; mais il resteroit à examiner si l'initiative de chacun des trois pouvoirs n'est pas de l'essence du gouvernement représentatif ; si notre Charte ne l'établit pas ainsi. La question du moins partage les esprits (1).

---

(1) Nous croyons que d'après notre position géographique surtout, toutes les institutions doivent pencher à favoriser la puissance royale. Ainsi, si l'initiative y porte atteinte, nous pensons qu'elle ne doit point être un droit des chambres ; mais les amendemens paroissent devoir être tout-à-fait séparés de l'initiative, quelque différens que ces amendemens puissent être de la proposition. On sent combien est différent le danger d'élever certaines questions dont le gouvernement peut ne pas vouloir que l'on s'occupe, et celui de traiter des objets que le gouvernement a mis en discussion.

Mais si ce droit n'appartient pas à la chambre des députés, ce n'est pas en la cassant qu'on le lui a ravi ; car ce droit, tant qu'il n'y sera pas statué, sera la prétention de toutes les chambres futures.

Jusqu'à ce que ce point soit fixé, combien il nous eût paru plus simple que le Roi, le souverain de tous, le père de tous, eût décidé de tout : avec quel respect on lui eût obéi ! Soit qu'il eût réprouvé par son silence, qui étoit encore le langage de la sagesse, des propositions trop peu conformes à notre situation, soit qu'il eût encouragé de prudentes résolutions sanctionnées par cette expérience des révolutions, hélas trop chèrement payée ! mais que les rois ont enfin.

Il nous semble donc que *rien de ce qui s'étoit passé*, ne forçoit à dissoudre la chambre ; et cette opinion a été appuyée par des avis assez graves, pour qu'il n'y ait aucune témérité à la produire, aujourd'hui que la question a été bien plus approfondie que lorsqu'elle fut tranchée.

Mais si la chambre n'avoit pas encore développé d'idées qui pussent être funestes, peut-être avoit-on à redouter ce malheur pour la prochaine session ? Nous nous garderons bien de nous permettre un jugement à cet égard , quand Sa Majesté l'a porté elle-même par une ordonnance à laquelle la confiance n'est pas moins due que le respect.

Au reste, nous avons dit que la dissolution de la chambre n'étoit pas sans danger ; on en peut juger par ce qui s'est passé aux élections.

Disons et croyons, comme nous le devons, que les intentions des ministres , en conseillant cette mesure au Roi, ont été sincèrement bonnes : que devoient ils faire ensuite ? puisque nous leur accordons les sentimens les plus patriotiques, nous n'admettons pas qu'ils n'aient veillé qu'à leur propre conservation.

Ils devoient en conséquence rechercher quelle étoit l'opinion réelle de la France, s'ils en doutoient. On a affecté de croire que le moment où les élections de 1815 s'étoient faites , avoit pu influer sur leur liberté. On a dit que la France avoit peut-être une autre façon de penser que celle qui a été exprimée par la véritable majorité de la chambre , que c'étoit pour cela qu'on ne lui cédoit pas ; que sans ce doute il n'y auroit pas eu de contestation , parce qu'il eût été facile de tirer de grands avantages d'une majorité certainement animée des plus honorables sentimens. Mais encore une fois, si pour s'éclairer on avoit recours au moyen assurément très-légal de dissoudre la chambre , il falloit laisser la plus grande liberté aux élections ; il falloit leur assurer cette liberté.

Il falloit les garantir de l'influence de ces émissaires qui sont venus encourager des hommes encore souillés de la fange de la révolution , pour les faire entrer dans des rangs étonnés , et quelquefois indignés d'une telle alliance. Cependant il faut bien distinguer ces émissaires de ceux qui avoient un titre qu'ils n'ont point prostitué. — Ceux-ci ont exercé une influence que le gouvernement peut avouer, les autres n'étoient point autorisés à tenir un langage coupable. Nous croyons en avoir acquis la certitude : ils ont déployé un faux zèle, et ils ont méconnu l'esprit et la lettre de leurs instructions conformes à celles données aux autorités ; mais il en est qui ont été jusqu'à

porter atteinte aux doctrines les plus monarchiques, et à vouloir ravir les réputations par
les calomnies, car il falloit réussir. Aussitôt
des hommes croyant pouvoir s'emparer des
circonstances, ont été jusqu'à exciter ces passions
populaires, toujours si facilement émues par
les mêmes moyens depuis le temps des tribuns
de Rome, jusqu'à celui de nos conventionnels.

D'un autre côté, des personnes que la police avoit mis en exil, en sont sorties sans que
leur surveillance ait été levée, et nous les
avons vus, profitant sans pudeur de l'impuis-
sance où l'on étoit de les en empêcher par
respect pour la loi, se transformer tout-à-
coup en amis du gouvernement, et venir voter
dans les colléges dont le devoir tenoit éloignés
des officiers des armées et de la garde du
Roi. Voilà de quelle influence il eût été à
désirer que l'on eût su garantir les élections,
et surtout qu'on sache les garantir à l'avenir, car
si l'on veut l'opinion de la majorité, il faut
la laisser se former par tons les moyens de
sécurité et de tranquillité. On couroit risque
de voir se former une représentation de la
minorité, quand elle étoit renforcée de si
dangereux appuis.

Qu'y a-t-il à conclure de ces faits ? c'est que le ministère a tellement uni ses intérêts à l'intérêt de l'État, qu'il a cru devoir profiter de tout pour se procurer une majorité (1).

___

(1) Nous sentons bien qu'il est inévitable que le ministère influe sur les élections : cela est même salutaire dans l'ordre ordinaire des choses ; nous ne réclamons que sur les moyens à employer. Il nous semble que l'exposition des circonstances où l'on se trouve, et des désirs du gouvernement, faite par les autorités et par les présidens, avec cette sincérité qui commande la confiance, ne peut manquer d'avoir de l'effet, quand les vœux des ministres sont fondés.

On ne sauroit prétexter que l'on a voulu contrebalancer des moyens employés par les royalistes qui, dit-on, « répan- » doient le bruit que le Roi avoit une façon de penser secrète » et contraire à son ordonnance, et mettoient en jeu les » désirs particuliers des Princes. » Il n'est pas vrai que l'on ait ainsi voulu trahir la vérité : les intentions personnelles du Roi n'ont point été révoquées en doute. Si elles avoient pu l'être un moment, l'ordonnance qui a ôté M. de Chateaubriand du conseil, malgré les intentions honorables de son ouvrage, a prouvé à l'instant qu'il n'étoit pas permis au cœur le plus droit de s'y tromper. Les royalistes ne se jouent pas du nom du Roi, ne le profanent point, et ne reconnoissent que lui. Il étoit donc inutile de porter cet esprit de balance : en tous cas, il suffisoit de faire répéter par tous les échos que le Roi avoit bien personnellement voulu la dissolution de la chambre. Des agens sans aveu ne devoient pas menacer et surtout ne pas insulter la majesté royale, sa Charte et son règne. Certainement

Qu'y a-t-il à conclure de ces faits? c'est que le ministère a tellement uni ses intérêts â l'intérêt de l'Etat, qu'il a cru devoir profiter de tout pour se procurer une majorité (1).

Les élections ont eu lieu : on y a vu ce qui étoit naturel, les hommes modérés obligés de choisir entre deux partis, et de voter, ou avec les royalistes, ou avec les révolutionnaires. Cela est surtout arrivé dans les pays où la révolution a développé le plus d'exaltation. Encore une

les ministres, avec les intentions que nous leur connoissons, n'ont pas autorisé ces émissaires aux discours que quelques-uns ont tenu; mais voilà encore le danger qu'il y a à se servir d'a-gens corrompus qui, contenus en apparence pendant quelque temps, et employés sur cette foi, donnent à la première occasion l'essor à leurs sentimens criminels, et compromettent les caractères respectables qui les emploient, s'ils n'en font pas justice.

Nous ne finirons point cette note sans rendre hommage au calme, à la politesse, nous dirons presque à l'accord unanime qui a présidé aux élections de Nantes, où tous les noms des principaux candidats avoient des droits à l'estime publique.

(1) Nous ne le disons pas en ironie, mais très-sérieusement, les ministres ont pu croire l'intérêt de l'Etat attaché à leur conservation; ils l'ont pu croire d'autant plus facilement, qu'ils ont pu connoître mieux que personne la pureté de leurs intentions.

fois cela est tout simple : dans les momens de crise , les modérés marchent à la queue des partis; et partout où les préfets et les présidens n'ont pas fait d'incroyables efforts , les élections ont été faites dans le sens de la majorité de la chambre dernière , parce que généralement on estime ses principes , et que l'on suppose que la sagesse du Roi et l'habileté de ses ministres mettront toujours un frein au zèle qui se montreroit indiscret.

Beaucoup de constitutionnels se sont unis aux royalistes, et les élections n'ont donc pas eu l'issue funeste qu'on a pu redouter. Les révolutionnaires, dans beaucoup d'endroits, ont été réduits au rôle d'alliés. Où ils se montroient trop puissans, la retraite des honnêtes gens a annulé leurs mauvais desseins. Il résulte , en définitif, une chambre composée d'élémens très-différens, dont la majorité sera dans les intérêts du ministère d'une manière assez aveugle, parce qu'elle sera persuadée avec raison que pour que le bien soit utile , il faut qu'il vienne du gouvernement. Mais ses députés, certainement, ne s'écarteront , pas plus que ceux de 1815, du principe de la légitimité.

## §. IV.

Comment il se peut faire que le Ministère ne soit pas assez claivoyant sur les intérêts de la Monarchie.

---

Vous parlez, dira-t-on, des intérêts du ministère; vous les avez insensiblement séparés de ceux de la monarchie. De quel droit? et sur quel soupçon? On comprend comment vous avez séparé les deux partis qui partagent la France; mais voulez-vous rejeter le ministère dans le parti qui ne veut pas toute la constitution, dans le parti opposé à celui des royalistes?

Nous répétons que nous ne croyons pas aux ministres d'intérêts contraires à ceux de la monarchie. Ceux de leur propre conservation peuvent cependant en être séparés; ce sont ceux-là seuls que nous voulons désigner.

Quant à les placer dans le parti opposé aux royalistes, il seroit difficile de prévoir celui qu'ils prendront. Pourquoi pas le plus sage, le plus utile aux intérêts de l'Etat ? Nous espérons que se conformant à l'ordre que le Roi a établi lui-même dans son discours d'ouverture, ils réprimeront d'abord les attentats de la malveillance, puis contiendront les écarts du zèle.

Mais si les ministres embrassoient une autre conduite, il ne faudroit pas chercher à se l'expliquer autrement que de cette manière.

Les ministres craindroient ( Dieu sait pourquoi! ) que si les royalistes avoient l'influence, ils ne fussent éloignés des affaires. On peut tenir à ses places par un très-noble sentiment, celui du bien que l'on veut faire. Il faut de plus considérer que la révolution entoure encore de piéges les gens en place ; qu'elle a formé des hommes habiles à profiter des passions, à les faire naître peut-être ; que ces hommes assiégent les ministres ; que ceux-ci boivent le poison et ne prennent point l'antidote, parce que les honnêtes gens qui sont dans leur dépendance, et qui n'ont pas mille artifices pour capter leur faveur, n'osent parler de peur de s'attirer leur disgrâce. Enfin, l'entêtement arrête souvent les élans du cœur, rend sourd aux conseils de la

raison ; et l'amour-propre n'est-il pas une passion plus forte que l'amour du bien public ?

Voilà les raisons claires, palpables. On a été
jusqu'à en soupçonner d'autres ; mais notre
plume se refuseroit à les tracer, parce que notre
cœur les désavoue, et que notre raison les
dément.

Nous avons examiné les motifs qui ont causé
la révolution ; si aujourd'hui on aimoit la
Charte, si la dernière chambre a voulu l'en-
freindre. Nous avons vu une autre chambre
nommée, nous avons étudié le développement
des passions qui se sont montrées pendant les
élections; nous sommes assez avancés dans les
événemens pour passer du connu à l'inconnu,
ou plutôt, de ce qui est dit, avoué, publié,
à ce qui est secret, qu'on ne veut point trahir,
et qu'il faut divulger enfin !

# DEUXIÈME PARTIE.

De ce qui perpétue l'esprit de Révolution.

———

## §. I<sup>er</sup>.

Les alarmes de la vanité, et la crainte de ne pas obtenir ou de ne pas conserver les places, seuls obstacles à l'union de tous.

———

LES hommes qui soupçonnent quelque chose de blâmable dans leurs pensées, prennent en vain différens moyens pour les déguiser quand ils sont dévorés d'une secrète ardeur de les faire connoître. On est incertain du succès, on craint de trahir des désirs qui pourroient devenir ensuite un sujet de reproche. — On se renferme dans des termes généraux; on dit qu'il ne faut pas vouloir anéantir le présent, ramener le passé. — Entend-on par là qu'il faut rester en révolution, et que ces lois sages, cette tranquillité qui faisoient notre bonheur il y a vingt-cinq ans, ne doivent plus être nôtre partage? Non, ce n'est pas cela qu'on veut dire.

D'autres disent gravement qu'ils redoutent de voir renaître les temps de la féodalité, c'est-à-dire ces temps où l'Etat étoit divisé entre différens princes, sous qui d'autres seigneurs ne reconnoissoient que leurs suzerains ; ces temps où l'on n'avoit point encore vu le prince le plus puissant réunir toute la France pour sa prospérité et pour son éclat. — Ces hommes craignent-ils vraiment le retour de la féodalité ? Non, sans doute, ce n'est pas cela qu'ils veulent dire.

D'anciennes coutumes avoient laissé quelques attributions de la justice entre les mains des seigneurs, et quelques sujétions de terres vis-à-vis d'autres terres formoient encore dernièrement ce que l'on nommoit des droits de fief. — Quelques droits bizarres avoient résisté à l'épreuve du temps : la révolution a fait disparoître ces derniers restes de nos anciennes mœurs. — Craint-on de les voir se rétablir ?

Non, ce n'est pas encore cela qu'on veut dire.

Mais les familles qui avoient jadis le pouvoir ont conservé jusqu'à nos jours la considération nécessairement attachée à une existence considérable et ancienne. — Les principales charges de la Cour (1) étoient occupées par elles; et si elles ne prétendoient pas avoir des droits exclusifs à la faveur des Rois, et aux avantages qui découlent du gouvernement, du moins, dit-on, elles prétendoient y avoir les premiers titres. — C'est cette prétention contre laquelle on s'irrite, et que l'on veut abattre. — On voudroit que ceux qui ont contribué à cimenter notre monarchie de France depuis sa fondation jusqu'à la fin du siècle dernier, n'eussent point laissé de fils pour hériter de leur gloire, et en mériter à leur tour.

De là les déclamations aussi injustes qu'effrénées contre la noblesse; déclamations que, depuis dix ans, l'on n'osoit plus faire ouvertement, tant elles participent du délire révo-

________________

(1) Elles avoient souvent été le prix du sacrifice de l'indépendance.

lutionnaire , tant il est vrai qu'elles n'expriment plus qu'une passion honteuse, la jalousie (1).

Voilà tout le secret de ce qui perpétue la révolution ; et à moins de s'avouer en proie à ce sentiment , il faut cesser de se plaindre (2).

---

(1) Demandez cependant à ces gens qui en sont atteints s'ils veulent consentir à se croire égaux en droits à ceux que le ciel a fait naître avec moins d'avantage de position qu'eux , et peut-être avec plus d'avantages naturels ; assurément non. — Ils prétendent jouir des droits qui leur sont acquis : qu'ils ne troublent donc plus la jouissance des droits honorablement acquis aux autres.

(2) Que l'on ne dise pas que je m'égare dans une vaine supposition : tout ce qui a été dit depuis quelque temps s'adresse aux *priviléges*. C'est bien là le cri connu contre la noblesse.

## §. II.

Examen des prétentions et des priviléges de la Noblesse avant la révolution. — Esquisse de ses mœurs. — Position des principales classes de la société au moment de la Révolution.

Raisonnons toutefois de ces plaintes avec sang froid, et voyons si elles sont fondées, ou si ce n'est pas plutôt une de ces clameurs de la révolution qui retentit encore dans les cœurs, et qui y excite de ces agitations vagues dont même on ne sauroit bien se rendre compte.

On est sans doute revenu de l'égalité des conditions, et l'on s'en tient aujourd'hui à cette maxime avouée de tous : *Tous sont égaux devant Dieu et devant la loi.*

Mais dans l'ordre ordinaire de la vie, le prince ne se croit point l'égal du sujet, le duc du gentilhomme, le noble de celui qui ne l'est pas, le magistrat de l'avocat, le collecteur des impôts du fermier, l'artisan du manœuvre; chacun a le sentiment de sa supériorité, sentiment juste parce qu'il est fondé sur quelque chose de réel.

Avant que l'on avance dans la lecture de cet ouvrage, je dois avertir que, procédant avec méthode, je m'occupe d'abord de la noblesse telle qu'elle étoit avant la révolution ; mais quand je réclame pour elle aujourd'hui, ce n'est pas en faveur d'une classe exclusive dans la société, c'est pour tout ce qui a droit à une distinction de rang par des services rendus à l'Etat, dans tous les temps, dans tous les lieux. La suite développera en entier ces intentions, et montrera que ce n'est pas pour des priviléges indépendans de la loi que je parle, mais en faveur de distinctions selon la loi et dans l'intérêt public.

Les préjugés et les calomnies n'ayant *encore* atteint que l'ancienne noblesse, je n'ai pu parler que d'elle à propos de cet esprit de révolution qui s'exerce à l'attaquer. La suite montrera assez que, dans ce qui intéresse son existence en ce moment, j'ai compris tout ce qui intéresse les distinctions sociales, tous les intérêts qui, étant fondés sur un rang respecté dans la société, sont de la même nature que les siens, à quelque époque qu'ils se soient formés.

Tous ceux que ces intérêts touchent, doivent lire les pages suivantes, comme si leur propre cause y étoit défendue. Elle l'est en effet.

Je veux marcher de conséquence en conséquence. Si l'on convient que les différences entre les classes de citoyens sont inévitables, je demande si la distinction que l'on nomme la noblesse, n'est pas aussi fondée en raison que toutes les autres.

Presque partout la première origine remonte au droit de conquête et de propriété(1). Quels autres droits y a-t-il dans le monde ?

Cependant elle est bien loin de vouloir, après tant de siècles, rien appuyer sur ceux que lui donnèrent alors ses armes ; mais elle rappellera avec orgueil que des services utiles ont augmenté par la suite sa considération et sa puissance.

_______________________________

(1) Des familles gauloises et même des familles romaines conservèrent l'état et les priviléges dont elles jouissoient.

Long-temps aucune armée soldée ne dé-
fendit la patrie. Qui s'opposa aux envahisse-
mens dont elle étoit menacée? La noblesse.
Qui maintint la France dans ce degré de
splendeur qui lui a assuré son rang parmi les
nations? La noblesse.

Elle sacrifia long-temps le charme qu'elle
eût pu goûter dans l'étude des lettres, le repos
qu'elle eût trouvé dans le soin paisible de ses
biens, aux occupations guerrières, et elle
acheta tous ses honneurs au prix de son sang
et de sa fortune.

Tous ces petits souverains qui avoient arra-
ché la Gaule aux Romains, étoient chacun
trop foible séparément pour résister à de puissans ennemis; ils se soumirent tous à un chef
commun, quoiqu'ils tinssent leurs Etats aux
mêmes droits que lui. — On sentit de plus en
plus la nécessité de l'union; on s'y montra
généralement porté, et l'on ne peut qu'admirer
cette fidélité avec laquelle les grands vassaux
voloient au secours du trône dans ses dangers.
Ils ne se refusèrent qu'à un sacrifice, celui
d'immoler leur propre grandeur, en laissant
le Roi de France devenir seigneur immédiat
de leurs Etats.

Mais la politique conseilla bientôt cette utile ambition aux Rois de France, et successivement ils réunirent toutes les parties du royaume sous leur autorité qui ne connut plus de rivale.

Les seigneurs particuliers devinrent simplement de grands officiers de la couronne : les nobles de leurs domaines suivirent le sort de leurs suzerains, et devinrent des sujets considérables, mais soumis au Roi seul. La couronne commença à solder des armées ; les nobles en firent encore la principale force.

Ainsi toujours fidèle à chercher la gloire, la noblesse fut toujours empressée à aller affronter la mort : la mort qui moissonna ses familles les plus illustres, tellement que c'est presqu'un effet miraculeux du hasard si quelques maisons ( il n'en est peut-être pas mille ) subsistent encore aujourd'hui de ce qui formoit autrefois cette illustre noblesse que l'on reconnoît dans l'histoire aux titres brillans de ducs, de barons, de sires, au nom générique et si célèbre de chevaliers, et à celui de preux qui renferme tout un éloge.

Qu'opposeront ses détracteurs à cette belle période de son histoire? Diront-ils qu'elle n'a

pas justifié sa renommée quand elle a pro-
digué son sang ? Diront-ils qu'elle fut barbare,
quand elle étoit célèbre pour sa générosité ?
Les descendans des Francs ne retinrent point
pour eux seuls les priviléges ; ils y firent parti-
ciper les familles gauloises et romaines, et
toute cette noblesse ne fit jamais détester sa
domination. Chaque âge la vit même adoucir
ses mœurs, toujours conformes, ou plutôt ser-
vant d'exemple à celles de la nation.

La monarchie de France, comme toutes
celles qui ont constamment marché vers la
civilisation, a toujours tendu à repousser de
son sein les abus que la force avoit fait naître ;
et nous avons vu, l'un après l'autre, tous les
grands vassaux et les seigneurs se soumettre à
un nouveau système qui entroit dans l'intérêt
de l'Etat.

Mais, dira-t-on, nous rendons justice et nous
accordons toute notre estime à ces anciens
preux. Nous ne nous révoltons que contre
l'abus par lequel une foule de nobles, au
moment de la révolution, envahissoient honneurs, pensions, toutes les places considérées,
et surtout les emplois de l'armée,

C'est précisément l'objet de cette plainte qui en démontre l'injustice.

D'abord, si à l'époque de la révolution, il y avoit, comme on le dit, une foule de nobles, cela est une preuve que cette noblesse ancienne détruite sans cesse dans les combats, se réproduisoit par de nouvelles familles ; et si celles-ci devoient leur élévation aux services qu'elles avoient aussi rendus à l'Etat, qui oseroit se plaindre ?

Bien plus, les lumières, les jouissances s'étant accrues, les idées furent changées. La guerre ne fut plus la seule carrière où les nations se disputèrent la prééminence. Des hommes d'Etat, des magistrats, des négociateurs se distinguèrent par les moyens que leur avoit fournis l'étude ; le savoir et le mérite de toute espèce revendiquèrent leurs justes droits aux honneurs, et la récompense ne leur manqua pas. — Ceux qui furent ainsi nouvellement élevés, et ceux qui avoient rendu les services les plus anciens, marchèrent égaux, et ceux-ci ne conservèrent d'avantage que celui des souvenirs.

Le temps arriva bientôt où l'argent devenant

le principal mobile des forces publiques, ceux qui en avoint amassé dans des emplois lucratifs, ou par leur industrie, ou par leurs épargnes, se rendirent utiles en aidant le trésor de ressources pécuniaires. On leur accorda les mêmes honneurs qu'à la noblesse, et il falloit que l'idée fût fortement accréditée, qu'on pouvoit bien mériter de la patrie par toute espèce de moyen, pour que celui-ci si peu digne, si peu glorieux, ne fût pas un sujet violent de jalousie aux yeux de ceux qui s'étoient consacrés d'une manière pénible ou dangereuse au service de l'Etat.

Mais voici quelque chose de plus frappant encore : effet des mœurs ! tout homme qui avoit acquis de l'indépendance, non-seulement de laborieux et d'honnêtes négocians, des capitalistes habiles, et sans reproche, mais ceux qui avoient recherché la fortune par des moyens peu honorables, des traitans se virent au même rang que les descendans des héros de nos vieilles chroniques, achetèrent leurs antiques châteaux, furent plus qu'eux avides de titres. Etrange abus ! Mais, est-ce à eux, est-ce à ceux qui ne

faisoient pas partie de la noblesse, qu'appar-
tenoit le droit de se plaindre ?

Nous n'avons pas prétendu dans un cadre
si étroit, faire une histoire justificative de la
noblesse qui n'en a pas besoin auprès des
gens instruits, de quelqu'état qu'ils soient ; mais
nous nous arrêtons à cette époque de la révolution où cet ordre a été si vivement attaqué
par des amours-propres si jaloux.

Nous venons de voir qu'alors il étoit com-
posé :

Des anciennes familles de chevalerie. Elles
avoient un certain sentiment de leur dignité,
que l'on étoit généralement disposé à partager ;
parce qu'il est des choses qui obtiennent toujours justice.—Si quelquefois la pauvreté sembloit jeter de l'inconvenance sur leur position,
la faute étoit plutôt celle de l'Etat que la leur,
parce que l'aisance de la noblesse dans une monarchie devroit être toujours un objet de solli-
citude pour le gouvernement ;

Des familles qui, sans être d'ancienne chevalerie, étoient entrées dans l'ordre de la noblesse par des services reconnus dans toutes les
branches du gouvernement ;

Enfin des familles auxquelles la fortune avoit procuré les mêmes avantages.

Quelles étoient les mœurs de cet ordre? douces, polies. Les grands donnoient l'exemple, et les autres l'imitoient.

On ne remarquoit d'autre différence entre les nobles, que celle de position, différence inévitable; mais il étoit de principe que la noblesse ne fît qu'un ensemble, et le Roi se disoit le premier gentilhomme de son royaume.—Les magistrats qui vivoient éloignés de la Cour, devoient à l'austérité de leurs mœurs une considération qui le disputoit à celle qu'attiroit à la noblesse militaire des avantages plus brillans Les alliances entre leurs familles étoient fréquentes, et plusieurs maisons distinguées voyoient leurs fils assis sur les fleurs de lis, et rendant la justice, ou ceints de l'épée qui défendoit la patrie.

Les financiers, hommes dont les ridicules ont été souvent joués sur nos théâtres, n'en avoient pas moins le droit de prétendre à toutes les jouissances que pouvoit donner la société. Ils attiroient dans leurs somptueuses demeures par le luxe et par les plaisirs, et ils étoient reçus à leur tour chez les grands dont la familiarité les dédommageoit de leurs prodigalités pour l'obtenir.

Les gens de lettres, les artistes, voyoient les portes de tous les salons s'ouvrir au bruit de leurs succès, leur orgueil même ne pouvoit leur nuire. Ce n'étoit pas seulement les hommes de génie que l'on accueilloit, et pour qui l'on rapprochoit toutes les distances du rang, c'étoit tout le peuple des auteurs, glaneurs après le siècle de Louis XIV, neufs seulement par une absurdité d'amour-propre jusqu'alors inconnue, et parlant comme des énergumènes au nom de la raison.

L'oubli de la dignité, l'urbanité, le goût des plaisirs, l'amour des arts confondoient tous les rangs en France. On y mettoit, comme en commun, les honneurs et la fortune, et l'on eût presque dit que la considération et l'opulence étoient comme des loteries où chacun, doué de quelqu'avantage de naissance, d'éducation ou de bonheur, avoit le droit de tirer un lot. Il n'y avoit point de distance que l'on ne pût franchir, point de dignité que l'on ne pût atteindre, point de distinction que l'on ne pût obtenir.

Les pairies —Un assez grand nombre étoit possédées par des familles nouvellement appelées à la noblesse.

Les présentations.—Beaucoup de personnes étoient présentées, qui ne l'auroient sûrement pas été si l'on avoit été rigoureux sur les conditions.

Les places de l'armée.—Les noms d'une foule d'officiers promus aux premiers grades apprennent assez que le mérite n'y connoissoit point de bornes à sa carrière.

Il n'y a pas moyen de contester tout cela ; mais on se retranche à dire que les choses sembloient être autrement, qu'il y avoit des privilèges lors même que l'on y tenoit le moins, et que cette seule distinction étoit offensante.

Non, ce n'est point là la vérité. La vérité, au contraire, est que trop de facilité a exalté tous les amours - propres ; dès que l'on a vu son voisin obtenir sans droits une position brillante, on a voulu être aussi heureux que lui. Bien loin que ce soit la difficulté de parvenir aux premières places de l'Etat par des talens et de la vertu, c'est au contraire la trop grande facilité d'y atteindre sans titres qui a tout perdu. La foule entière a voulu forcer les portes où l'on ne doit entrer qu'un à un, et comme elle a reconnu qu'elle prétendoit une chose impossible, elle a voulu arracher les élus d'un sanctuaire qui ne pouvoit contenir la multitude.

Force des choses! de quelque nom que vous appelliez les classes des citoyens, elles seront enviées, et chaque classe attirera la jalousie de toutes les classes au-dessous d'elle. La première aura donc le plus d'ennemis. Si vous la restreignez, on la jalousera ; si vous l'étendez, tout le monde y prétendra. Dira-t-on qu'il n'en faut pas ? Dans une monarchie, et même dans tout Etat, il faut qu'il y ait, et quoi qu'on fasse, il y aura toujours une première classe d'une certaine étendue sous un nom et avec des avantages de position quelconques (1).

Voilà ce qu'à la fois on sent nécessaire et ce qu'on ne veut pas, c'est-à-dire ce que ne veulent pas certaines gens qui craignent de ne

_______________

(1) Cette vérité est si frappante, que lorsque Buonaparte rétablit la noblesse, elle fut sentie par ceux qui s'y étoient montrés les plus opposés. Ils s'empressèrent de rechercher des distinctions dès qu'ils crurent les avoir mérités.

point appartenir à cette classe distinguée par des vertus, par des sentimens d'honneur en même-temps que par des talens, et dans laquelle ne doit pas donner entrée le succès de quelques crimes.

## §. III.

Qu'il est nécessaire d'assurer le repos de la société par des distinctions auxquelles tous les Français puissent pretendre.

---

Mais le besoin de l'ordre dans un pays qui, comme la France, n'est pas impunément troublé, le besoin de présenter aux ennemis qui nous attaqueroient une masse que rien ne puisse diviser, parlera plus haut que ces novateurs. Oui, malgré leurs clameurs, que l'ordre renaisse dans les rangs de la société, et la France peut de nouveau retrouver son ancienne splendeur.

Disons-le franchement; je ne sais si la dernière chambre des députés avoit le projet de traiter cette question, ou d'en amener insensiblement la solution ; mais il faut qu'elle soit réglée. Les bases existent dans la Charte; il ne s'agit plus que des points réglementaires, mais il faut les poser ; autrement on craindra d'un côté qu'ils ne le soient jamais, et de l'autre on craindra qu'ils n'aillent au-delà de ce qu'ils doivent être.

C'est donc une chose nécessaire : et si l'on vouloit en être convaincu, que l'on voie avec quelle force on s'agite pour que ces points ne soient pas établis, ou du moins pour qu'ils ne le soient pas dans un sens conforme à l'article de la Charte.

A la nouvelle de la dissolution de la dernière chambre, les révolutionnaires se sont rendus de toutes parts aux élections. Ils ont cherché à écarter ceux qu'ils soupçonnoient de favoriser le retour des distinctions sociales. Le Souverain, fort de sa sagesse, de l'estime de ses sujets, doit arrêter les coupables desseins de ces hommes qui veulent encore renverser même son ouvrage. Il trouvera dans la partie saine de la nation la puissance positive que donne le nombre, joint à la qualité des suffrages. Le rétablissement de la religion effectué, les rangs de la société une fois fixés avec discernement ( la question des biens nationaux est décidée ). Tous les Français qui

portent ce nom avec quelque vertu , s'estime-
ront entr'eux , et à cause de ce qu'ils sont , et
à cause de ce qu'ils pourront devenir.

Les intérêts ne seront plus compliqués de
choses secrètes que l'on veut soigner sans les
avouer. Les opérations des chambres , et de la
chambre des députés surtout, acquerront dans
la discussion une franchise qui est l'heureux
apanage de notre nation. Alors on pourra voir
siéger dans un heureux accord des pairs et des
députés , fiers de discuter et de défendre les
intérêts de toutes les classes de la nation, ceux
de l'honneur comme ceux de la morale , ceux
de la propriété comme ceux de l'industrie.

## §. IV.

### Tristes pressentimens.

Mais si l'on ne prend pas ce parti, voici les tristes pressentimens d'un bon Français.

C'est ici qu'aucun intérêt n'est plus distinct. Entre ceux qui veulent conserver un rang que leur assure la possession de droits qu'ils ont acquis, et ceux qui s'y sont créé des titres honorables.

La modération dont on a tant parlé, cette vertu des temps de paix, le partage d'un bien petit nombre dans les discordes civiles, s'enfuira loin de la salle des délibérations. Chacun rapportera les propositions de ses adversaires à cet intérêt secret qui animera tous les esprits. Si le ministère favorise les projets des niveleurs, ou, pour parler un langage plus conforme à nos propres idées, si les niveleurs profitoient de sa sécurité, bientôt leurs dis-

cours, après avoir contenu des insinuations
perfides, attaqueroient avec violence. La défense répondroit à l'attaque ; mais les argumens de la morale, de la raison ne sont pas
les plus populaires. De part et d'autre on se
livreroit à l'emportement, et d'un côté on
iroit peut-être jusqu'à invoquer les passions du
peuple. Le ministère qui seroit resté trop long-
temps spectateur de cette lutte, pourroit-il,
par une tardive opposition, arrêter cet élan
une fois donné? Que l'on ne s'y trompe pas,
et qu'on ne croie pas que ce soit une de ces
contestations où l'un des deux partis succombe
peu à peu. Il s'agit de l'ordre social : c'est un
édifice qui, s'il devoit tomber encore une fois,
joncheroit au loin la terre de ses débris, et
écraseroit ceux des destructeurs qui sape-
roient de plus près les murailles, pêle mêle
avec ceux qui les défendroient. En 1790 on
couvrit les désordres, des apparences spé-
cieuses de la liberté publique, et de l'égalité
pour tous. Le peuple se laissa séduire par ces
chimériques promesses ; mais la plus grande
partie a reconnu qu'on lui avoit apporté en
présent, la guerre, la misère, et, comme si

ce n'étoit pas assez , les échafauds. Ils y montèrent avec les nobles, ceux qui avoient quelque chose dont ils pussent être dépouillés , et ceux qui avoient des richesses furent plutôt choisis pour victimes par les proconsuls , que les pauvres chevaliers.

Le peuple reconnoîtroit encore l'accent terrible de quelques hommes qu'il a entendus naguères l'encourager au meurtre , et prononcer les proscriptions. Il sort de l'épreuve , et il en a recueilli l'expérience : ses vrais amis, ceux qui n'ont prétendu à son respect et à la confiance qu'en lui montrant de l'attachement et des vertus , pourroient être pris pour ses guides.

## §. V.

### Meilleurs présages.

———

Mais fions-nous-en à de meilleurs présages : les ministre chancelans peut-être, ou du moins craignant d'être attaqués, ont voulu s'assurer la majorité dans les questions où il y auroit à répondre de la pureté de leurs intentions. Ils ont sacrifié à cet intérêt personnel dont ils n'ont pas séparé celui de l'ordre public, toujours ébranlé par un changement perpétuel de ministres. Ils ne soutiendront plus ce parti révolutionnaire qui aura figuré pour la dernière fois comme moyen dans nos assemblées, et à qui l'opinion publique achevera de rendre la justice qu'il mérite, en le vouant à l'oubli; ou plutôt qu'il est doux pour un Français de le penser! il n'y aura presque plus de révolutionnaires; car beaucoup qui ne sont qu'aveuglés reconnoîtront que ce qu'ils pouvoient demander sans folie, ils l'ont obtenu.

( 61 )

Pour rendre à la raison son empire , les
ministres provoqueront au contraire des lois
sages , ne céderont pas aux demandes dange-
reuses, par quelque parti qu'elles soient faites;
ils forceront les journaux avides de répandre
les calomnies, à ne plus épancher leur venin ,
et cette doctrine sur l'initiative qu'ils ont défendue a la dernière chambre , ils ne la livre-
ront pas au caprice de ceux qui en voudroient
faire un usage non moins étendu, et bien plus
funeste ; et pour rassembler ici tous les vœux
que nous formons pour eux et pour nous, ils
nous feront trouver les avantages attachés à
leur conservation. Ils marcheront d'un pas
ferme vers le but qu'ils doivent se proposer,
sans faire redouter qu'ils le dépassent ; leur
conduite sera une garantie pour tous , et dans
leur honorable course ils ne seront suivis ni
par la crainte, ni par le soupçon.

Et nous, d'un autre côté, cessons, ou du
moins suspendons nos plaintes; *dans ce mo-*
*ment-ci les ministres sont maîtres de la direc-*
*tion des affaires;* la majorité de la chambre
des députés les seconde. Ce qui forme l'opposition ne leur sera pas contraire, aveuglément

et par haine : ce sentiment n'entre point dans l'âme de Français qui ont livré leurs cœurs tout entiers à l'amour du bien public. N'entravons point leur marche par des accusations toujours capables d'ébranler la confiance ; persuadons-nous bien que le renversement d'un ministère sera toujours un mal terrible en France, et ne peut être tenté que dans les maux extrêmes ; craignons que si des passions président à un changemeut, elles n'entraînent hors des bornes de la sagesse, ou du moins ne le fassent appréhender. Tout ce qni a été dit à la dernière session, tout ce qui s'est vu depuis a frappé l'attention des ministres. Une sage et vertueuse opposition mettra encore sans cesse sous leurs yeux les principes sains et conservateurs des empires. Qui est plus intéressé à les soutenir que les ministres, pour leur gloire personnelle, comme pour le bonheur de la France ? Les temps d'hésitation sont passés ; la franchise aujourd'hui est commandée impérieusement. — Il faut connoître d'une manière claire et précise où chacun tend, et cette conduite ouverte rassurera tous les esprits, car tout ce que veut la masse des Français de part et d'autre, est raisonnable, il n'y a que ce que l'on présume qui ne l'est pas. Si l'on est encore le peuple Franc, on est sauvé.

Tels seront les ministres à qui leurs plus ardens adversaires pardonneront ce qui s'est passé, si le mal n'est que passager, et que les sages principes dirigent leur conduite.

Mais si tels n'étoient pas les ministres; si, par impossible, on les voyoit seconder les principes de la révolution, et les hommes qui n'ont pas renoncé, qui sont encore fidèles à ses maximes, s'ils ne se montroient pas effrayés du danger passé que nous avons évité, et qu'ils ne fissent pas entrer le vaisseau dans le port, si notre Roi, sur lequel nos yeux doivent être sans cesse tournés, donnoit un signe d'alarme; alors, oui, alors, la douleur de la France honorable iroit les investir. On leur reprocheroit et les périls courus sous leur gouvernement, et les maux accumulés pour l'avenir; alors, et seulement alors, il seroit temps de faire éclater notre indignation.

En vain prétendroient-ils avoir cédé à la majorité de la représentation nationale, s'il étoit possible, ce que Dieu nous garde de

penser, que cette majorité les secondât dans
ce système. — Non, ils n'auroient pas suivi le
vœu de la majorité de la nation qui entrevoit le
déluge de maux prêts à fondre, si la digue venoit à être rompue. La majorité de la nation
veut la Charte et les honnêtes gens, la distinction
des rangs, l'ordre en toutes choses. J'en appelle
à la nation même. Elle ne peut répondre de
ce qui s'est passé pendant le délire qu'on lui
inspira, et qui n'atteignit que le plus petit
nombre ; mais après ce délire, elle accueillit
les gouvernemens qui se succédèrent propor-
tionnellement à la garantie qu'ils lui offroient
pour son repos. Elle sut gré à Buonaparte
d'avoir détruit l'anarchie, et elle reçut le Roi
avec tant d'enthousiasme, parce que cette légitimité qui marchoit à ses côtés, étoit le gage
que tout désordre alloit à jamais disparoître.

J'en appelle, surtout, à cette nation au
moment où presque tout entière elle s'unissoit,
de vœux et d'efforts, pour écarter une domination qui lui paroissoit injuste, mais qui lui
sembloit encore détestable, parce qu'elle rem-
plaçoit celle du Roi, et qu'elle avoit pour
suppôts les hommes qui portent sur le front le

signe sanglant de nos malheurs. — Oui, la nation française reprit le deuil, alors que les jours des fédérations et des bouleversemens de toute espèce renaquirent, et que ce qui étoit honnête étoit menacé de toutes parts.

## §. VI.

Comment on doit entendre ce qu'on exprime depuis quelque
temps par intérêts moraux révolutionnaires.

———

On parle beaucoup d'intérêts moraux révolutionnaires : un écrivain célèbre les a frappés d'anathème ; un autre les a défendus avec chaleur et talent : une explication conciliera deux estimables adversaires. Oui, nous nous croyons presque autorisés à parler ainsi au nom·de tout ce qui est ami de l'ordre en France. — S'il y avoit un pas à faire, la révolution l'a fait. Nous voulons cependant séparer ses avantages de ses crimes, et, pour notre règle, cherchant dans la Charte les choses qu'elle a consacrées, et que nous nommons heureuses, nous voyons avec plaisir qu'elle a tenu compte des difficultés des temps. Elle défend de rechercher les opinions ; nous faisons plus ; et nous reconnoissons les efforts vraiment faits pour la patrie : surtout nous nous garderons bien de reprocher des erreurs commises quand le chef de l'Etat ne pouvoit plus le protéger que du haut des cieux, et que sa famille dispersée par la tempête ne nous offroit plus de guide.

Nous voyons avec joie tous les Français être appelés, au nom des institutions de leur pays, à toutes les dignités. Nous le disons du fond de notre cœur, si ce sont là les intérêts que l'on appelle intérêts moraux révolutionnaires, nous les admettons sans réserve. S'il y a quelque bonheur, quelque gloire, quelque fortune à acquérir dans la monarchie de France, que tout Français y puisse prétendre, porté par l'honneur et par la vertu.

Mais, si par intérêts moraux révolutionnaires on entend que la révolution est une chose heureuse en elle-même, qu'elle consacre des principes tels que ceux-ci : Tout souverain qui possède le pouvoir est légitime ; Un peuple change son gouvernement au gré des factions ; Tout est permis en politique ; Celui qui s'est opposé au renversement de la monarchie a été justement puni par la confiscation ; Celui qui a trahi du fond du cœur sera récompensé; Ceux qui ont trempé leurs mains dans le sang de leur Roi, peuvent encore implorer d'autres protections sur la terre, que le pardon d'un martyr; Non : voilà les intérêts moraux révolutionnaires que nous n'épouserons jamais.

Nous le disons avec assurance, la France juge maintenant ses amis et ses ennemis à leurs efforts pour ramener l'ordre, la justice, la morale politique et religieuse, et à ceux que l'on fait pour les bannir.

# TROISIÈME PARTIE.

Des moyens de mettre un terme à la Révolution.

—

## §. Iᵉʳ.

Des sentimens qui ont dicté cet ouvrage.

—

Aᴘʀᴇ̀ꜱ être entré dans le détail de ce qui fait le sujet véritable de nos discordes, devons-nous nous borner à montrer la plaie, sans chercher à la guérir ?

Une juste défiance de nos forces pourroit seule nous arrêter dans notre zèle ; mais nous n'y céderons pas, et nous oserons indiquer des moyens de salut que des mains plus puissantes pourront mettre en œuvre.

Nous abuserions-nous ? Nous espérons que ce que nous allons exposer, loin de choquer,

trouvera au contraire des dispositions favo-
rables. Nous espérons que nos idées, du moins
quant au fond, seront goûtées de tous ; car
avant de les exprimer, nous nous sommes mis
dans toutes les positions, et nous n'avons rien
dit que nous eussions été fâchés d'entendre.
Entrons en matière.

Les biens nationaux, la noblesse et le clergé
sont, il en faut convenir, les trois grands obstacles à la réunion des opinions.

## §. II.

### Biens nationaux.

Les biens nationaux (1) sont aujourd'hui un vain prétexte. Il y en a bien moins qu'on n'affecte de le dire. Les anciens propriétaires ont traité pour plus de la moitié, et chaque jour on en voit de manière ou d'autre, retourner à leurs anciens propriétaires. Chaque jour aussi calmera la vivacité des intérêts que ces biens ont fait naître. On parle d'ailleurs d'indemnités à accorder (2) : elles n'auront pas tout l'effet que l'on désire, parce qu'il y a tel bien, par exemple,

---

(1) Biens d'émigrés.

(2) Les émigrés savent combien l'État est aujourd'hui obéré, et sans doute ils désirent que les indemnités ne chargent le trésor qu'après notre libération vis-à-vis des étrangers ; on sait même que ce fut le motif qui fit garder le silence à la dernière chambre sur ces intérêts.

un château jadis habité par des émigrés aimés et respectés, dont rien ne peut assurer la possession, sans désagrément à l'acquéreur. C'est un malheur, mais qu'aucune loi ne peut empêcher. Quand, pour éviter que les yeux de l'acquéreur ne soient blessés, on proscriroit encore la famille de l'ancien propriétaire, tant qu'il existera un homme qui se souviendra de ses bienfaits, ou qui n'aura pas profité de sa confiscation, celui-ci perpétuera le reproche. Cependant ces indemnités étoufferont un grand nombre de plaintes, et remettront dans le commerce, presqu'à prix ordinaire, une grande quantité de propriétés où rien de particulier ne rappelle les anciens maîtres.

Un moyen plus efficace qui, selon nous, auroit obtenu un grand succès, moyen qu'il n'est point encore trop tard pour prendre, c'est de témoigner par une exemption de droits, que le désir du gouvernement est de voir des transactions particulières éteindre toutes les haines (1) ; que l'acquéreur qui aura rendu ou qui aura fait des propositions raisonnables,

_______________

(1) Que le gouvernement consacre quelques sommes et quelques soins à apaiser ces intérêts que la proximité des

soit remarqué et loué , et comme récompense pour lui , comme encouragement pour les autres, qu'il obtienne facilement la faveur raisonnable qu'il demande pour lui-même ou pour ses enfans ; que l'on publie comment il a servi la chose publique par un sacrifice (1). Alors on ne dira plus : « Pourquoi protégez-
» vous les acquéreurs de mon bien , de préfé-

---

intéressés et des circonstances particulières rendent les plus vifs. Les préfets se sont autrefois mêlés de bien d'autres choses de famille ; ils se trouveront heureux sous le Roi de prendre ces soins paternels. Ces mêmes préfets pourroient aussi parler comme des amis sages aux émigrés qui ne seroient pas raisonnables dans leurs demandes.

(1) Nous n'avons jamais vu les journaux s'occuper de rapporter les traits qui honorent les acquéreurs de biens nationaux : il y en a cependant de beaux et de touchans. — Je dois à la reconnoissance de publier ceux qui me sont personnels.

Le plus grand nombre des acquéreurs des biens de ma famille a pris des arrangemens pleins de modération.

M. Desnos de la Grée, magistrat à Rennes, m'a fait remise, sans en vouloir recevoir aucun prix, de biens de ma famille qui sont échus en succession à sa femme. Je publie ce trait avec le sentiment qu'il mérite.

Dix-huit ou vingt domaniers achetèrent en Basse-Bretagne leurs domaines : au retour de ma mère ils les lui remirent et se dirent payés par les jouissances : ils n'acceptèrent qu'une suite de trois baux. Depuis, on leur fit craindre que ma mère ne vendît ce seul reste de sa fortune en Morbihan : les bons

» rence à moi qui ai tout perdu? » Peu à peu les intérêts fondés sur les propriétés nationales s'évanouiront, et de plus on aura rattaché au gouvernement un certain nombre d'hommes par le seul fait de leur bonne action, tandis qu'ils en étoient écartés par les chagrins de leur conscience et par la désapprobation de ce qui les environne. Ce n'est pas là une loi savante, c'est de la simple morale, et elle a toujours son effet.

L'on met toujours en avant l'importance de ne pas mécontenter les acquéreurs de biens nationaux. D'abord, comme je l'ai dit, ils sont en moindre nombre que l'on ne pense. Le moyen que nous proposons ne pourroit les mécontenter, et si l'on met leur mécontentement en balance, il faut y mettre aussi les regrets de ceux qui se trouvent spoliés.

Les acquéreurs sont seuls défenseurs de leur

---

domaniers furent trouver leur curé, et le firent écrire à ma mère qu'ils la prioient de ne pas les *quitter;* que si elle avoit besoin d'argent ils alloient faire entr'eux le prix de leurs domaines, et le lui prêter. Honnêtes gens! Je n'ai pu vous remercier dans votre langage, mais vous avez bien compris quand j'ai été vous voir que nous ne nous *quitterions* jamais.

cause. Les spoliés ont avec eux tous ceux qui n'ont pas partagé leurs dépouilles.

Ainsi, même en ne prenant que ce calcul pour base, sans mettre en ligne de compte, la justice ou l'injustice de l'action, il faut convenir que le nombre qu'il importeroit le moins de mécontenter, seroit celui des acquéreurs. Ils le savent bien, et beaucoup d'eux en conviennent.

Mais ce calcul n'est fait ici que pour repousser des argumens, et n'a point de rapport avec notre position. Nous avons pris l'engagement de ne rien avancer qui ne nous paroisse satisfaisant pour tous. Le moyen que nous indiquons atteint ce but, et reconcilie les acquéreurs, nonseulement avec les anciens propriétaires, mais avec eux-mêmes.

Voudra-t-on objecter que ces moyens ne réussiront pas ? qu'on les essaye au moins. S'ils ne réusissent pas, les choses en resteront où elles sont. La loi est portée, les ventes sont confirmées. Rien ne doit porter atteine à cette loi. Mais si l'opinion exerce encore une force plus grande que celle de la loi, essayez des conciliations , de dédommagemens , de tous les moyens possibles, pourvu qu'ils ne forcent point à rendre ces biens , et qu'ils n'enfreignent pas l'inviolabilité de la loi. Si vous vous y refusez , vous ne voulez rien calmer , vous voulez perpétuer les maximes de la révolution.

Car il y a deux choses dans notre révolution, et ceci est bien essentiel à saisir : il y a le *fait* et le *principe*.

Le fait, ici, ne peut se contester ; les biens ont été vendus, achetés ; la loi a confirmé la vente, les acquéreurs sont bien légaux propriétaires. Si l'on pouvoit à l'instant rassembler les acquéreurs et les anciens propriétaires devant la société entière, et que ceux-ci s'écriassent : Vous avez nos biens par la loi, voilà le *fait* de la révolution. Nous nous y soumettons ; mais pour notre consolation, dites-nous qu'on a eu tort de les vendre ; que vous nous plaignez. Désavouez ce *principe* de la révolution qui établit comme juste, que nous ayons été dépouillés. La grande masse de la société, des acquéreurs eux-mêmes verseroient peut-être des larmes d'attendrissement, et diroient : Oui, vous êtes injustement malheureux. Mais quelques voix s'élèveroient encore, et répondroient : Non, vous avez été justement dépouillés.

.La loi qui finit la révolution, trouve les choses faites ; elle maintient celles qui ne permettent plus de retour. Applaudissons à la loi, lors même qu'elle nous impose des sacrifices ; mais elles ne sauroit consacrer de faux principes. Aussi la Charte confirme la vente des biens, et interdit les confiscations ; et on aura beau faire pour persuader que la Charte est un intérêt moral révolutionnaire, ce soin du futur qui réprouve le passé est là pour répondre à cette accusation d'immoralité contre notre première loi (1).

Nous rapporterons ici ce passage de l'histoire ancienne.

Aratus, de Sycionne, après avoir tué le tyran de sa patrie, y rétablit six cents exilés qui étoient les plus riches de la ville, et qui

______

(1) C'est une chose trop peu connue , et qui répond le plus fortement de la fidélité des royalistes pour les engagemens pris par la Charte , que ce qui s'est passé dans la Bretagne et dans la Vendée depuis la prise d'armes au 15 mai 1815, jusqu'au commencement de juillet, que les armées royalistes firent la guerre et occupèrent le pays. Il n'y a pas un chef de ces troupes qui ait fait un acte de propriété dans ses biens vendus. Nous en connoissons même qui ont fait ménager leurs acquéreurs dans les réquisitions : et ce sont de tels hommes contre lesquels on veut inspirer de la défiance !

étoient bannis depuis cinquante années. Ceux qui possédoient leurs biens trouvoient fort injuste d'en être dépossédés après cinquante ans de jouissance, pendant lequel temps beaucoup de ces biens avoient changé de mains, sans injustice, par ventes, successions, dots, etc. Aratus jugea qu'il ne pouvoit pas leur enlever ces biens, et d'un autre côté, qu'il falloit satisfaire ceux qui avoient été dépouillés. — Aratus jouissoit d'une renommée qui lui concilioit l'estime et la confiance de tous. — Il demanda à ses concitoyens de laisser encore quelque temps les choses en suspens. — On lui obéit avec confiance.

Il partit alors pour l'Egypte ; et après avoir exposé à Ptolomée que son objet étoit de rétablir la paix dans sa patrie, il en obtint des sommes d'argent avec lesquelles il retourna à Sycionne. — Il y forma un conseil de quinze principaux citoyens avec lesquels il examina les intérêts de ceux qui avoient perdu leurs biens, et ceux des possesseurs de ces biens, et il fit tant qu'il persuada aux uns de les vendre pour de l'argent, et aux autres de préférer le prix de leurs possessions à leurs possessions mêmes, et par ce moyen la concorde fut rétablie.

Il est bon d'ajouter à ce trait, le portrait que l'histoire nous a laissé d'Aratus : c'est Plutarque qui est chargé de le tracer.

Né pour le gouvernement, et ayant l'âme grande, il préféra toujours les intérêts publics aux siens ; personne ne haït plus que lui la tyrannie ; le bien de l'Etat régloit ses affections et ses inimitiés, d'où vient qu'il parut moins ardent ami qu'ennemi facile à se réconcilier..... De si grandes qualités le firent regarder du Roi d'Egypte comme un homme capable de disposer des affaires de toute la Grèce......

L'histoire nous apprend encore qu'après des peines infinies il vint à bout de contenter tellement tout le monde, qu'on lui éleva une statue avec une inscription où on lui donna le glorieux titre de SAUVEUR.

## §. III.

### Distinction des rangs, ou Noblesse.

———

Ce qui regarde la noblesse est selon nous une chose plus facile encore à terminer (1).

Que l'on ne fasse plus la distinction de l'ancienne et de la nouvelle noblesse. Cette distinction effacée des actes publics disparoîtra bientôt du langage. Conformément aux principes de la monarchie, il doit y avoir une noblesse, mais il ne doit y en avoir qu'une.

Comment sera-t-elle composée ? Il y a des familles bien faciles à reconnoître dans cet ordre :

1º. Toutes celles dont font état les dernières réformations ;

2º. Toutes celles qui, depuis ces réformations jusqu'à la révolution, ont acquis la

———

(1) Pour mettre de l'ordre dans la société, il y a un moyen qui a peut-être été proposé, c'est de détruire toute distinc-

noblesse ; les actes qui la leur confèrent existent
encore ;

3°. Toutes les familles qui, pendant la
révolution et jusqu'à ce jour, ont obtenu la
noblesse : leurs titres existent aussi ;

4°. Le Roi peut encore la conférer en même
temps à ceux qui y ont acquis des droits
depuis vingt-cinq ans, au dedans et au dehors.

Voilà la noblesse toute faite. Elle peut être

---

tion. La destruction d'un ordre intermédiaire entre le pouvoir et le plus grand nombre des sujets, ne seroit pas, selon
nous, une idée heureuse : nous en avons déjà fait la funeste
expérience ; voudroit-on là tenter de nouveau ? Nous y voyons
même, avec tous les dangers que nous avons courus, des
dangers d'une autre espèce. Il faut aussi y considérer la
justice : rien ne seroit moins juste pour ceux qui ont acquis
leur existence, et ce seroit encore dépouiller d'avance ceux
que leur heureux destin appellera dans la suite à se distinguer :
toute émulation seroit aussitôt étouffée.

Il faut absolument faire deux monnaies : la considération
et l'argent ; autrement on ne fera plus rien que pour de
l'argent, et la séduction aura tout son pouvoir, car elle ajoute
de l'argent à de l'argent, et la récompense du crime se con-
fond avec celle de la vertu. Mais si vous payez la vertu et
le mérite en considération, toute récompense pour trahir
son devoir enlève cette considération, et il faut choisir.
D'ailleurs, la Charte en a décidé autrement ; il ne nous est
donc pas permis de traiter ce sujet d'une autre manière que
celle dont elle a posé les bases.

inscrite dans un livre qui soit comme le livre d'or de la nation , et où l'on peut régler le nombre des inscriptions.

Mais une noblesse ne peut guère exister sans priviléges : d'accord ; aussi elle peut en avoir.

La perpétuité des biens dans les familles étant le meilleur moyen de conserver la no-blesse, et celui qui flatte le plus les hommes, il doit dans chaque famille noble y avoir une substitution qui tienne de la loi sage et bien faite des majorats, à cela près qu'au lieu de rentes sur l'Etat, le majorat doit être fondé en terres. Le partage noble des successions sera le premier privilége de la noblesse.

Les Rois lui réserveroient des libéralités. Pour que la source de leurs bienfaits ne soit jamais tarie envers la noblesse créée ou celle à créer, on pourroit établir que les majorats auxquels ne succéderoient pas des héritiers à un certain degré, passeroient à la couronne, qui en disposeroit.

Un autre privilége pourroit être que les enfans des nobles dont la fortune réclameroit cette faveur, fussent admis dans des écoles aux frais de l'Etat, et que des places leur fussent

réservées dans les différentes branches de services publics.

Il pourroit être réglé que le Roi ne prendroit
que dans la noblesse ceux de ses sujets qu'il
éleveroit à la pairie. La chambre des pairs re-
cevroit ainsi un nouvel éclat, et le moyen resteroit toujours au Roi de faire noble celui
qu'il voudroit élever plus haut le lendemain,
si ce premier honneur n'étoit pas jugé suffisant.

Enfin, on pourroit réserver aux nobles le
droit d'être jugés par un juri de leurs pairs.

C'est par ces priviléges inoffensifs que seroient signalées et conservées à l'estime publique
les familles de ceux qui auroient été jugés
dignes de cette récompense. On sent que ce
ne sont ici que des indications, sur lesquelles
de plus amples réflexions fixeroient les idées.

Mais pour que la noblesse ne soit point
enviée, et qu'elle soit tenue en honneur, il
faut qu'elle soit une récompense à laquelle
chacun puisse aspirer aux mêmes droits que
ceux qui l'ont obtenue.

Ainsi on pourroit régler que de certaines
charges donneroient des droits à la noblesse
avec l'agrément du Roi. Par exemple, celles

qui donnent des fonctions en chef dans les carrières les plus distinguées, telles que les préfectures, le grade de général, la présidence d'une cour.

Après chaque session, le Roi pourroit nommer deux députés à l'ordre de la noblesse, dont l'un sur la présentation de la chambre.

La chambre des pairs seroit chargée du livre où seroient inscrites toutes les familles, et de l'expédition des titres nouveaux.

Le bon plaisir du Roi pourroit encore créer des nobles, mais dans tous les cas l'obtention de la noblesse seroit toujours accompagnée de la création ou du don d'un majorat. Ce majorat seroit proportionnel au titre.

Un titre accompagneroit toujours le nom du noble.

Je mets en fait qu'une telle loi sur la noblesse ne choqueroit personne, satisferoit au contraire tout le monde, parce que ce seroit une carrière ouverte à tous. La noblesse, loin d'être jalousée deviendroit un digne objet d'émulation publique. C'est alors que sous tous les rapports elle seroit l'élite de la nation.

Alors renaîtroit cette harmonie qui doit subsister entre les nobles d'une nation, franchement unis d'intérêts, participant aux mêmes avantages. Tout ce que la révolution n'a pas souillé, tout ce qu'elle a honoré seroit égal par les droits de ceux qui toujours furent notables dans la monarchie.

Les rangs de la noblesse ont été bien éclaircis pendant nos malheurs : des familles entières ont disparu moissonnées par le fer, ou détruites par la misère. Combien la douleur en a-t-elle fait périr en terre étrangère, que l'air de la patrie auroit pu ranimer ! Toujours la noblesse a été obligée de se renouveler : où peut-elle trouver de nouveaux compagnons de ses travaux plus dignes d'elle, que parmi ces hommes qui se sont élevés aux grades par leur épée, et aux places par leur mérite ? Quelques-uns sans doute ne sont pas sans reproches ; et nous ne supprimons pas cette réflexion pour que l'on reconnoisse en tout la franchise de nos sentimens ; mais ils sont en petit nombre, et leurs enfans et eux-mêmes feront oublier leurs fautes. Soyons dès cet instant ingénieux à les excuser ; et disons-leur comment il est arrivé que dans cette longue histoire de nos discordes, nos pères ne choisirent pas toujours le meilleur parti : que Montmorency, pour citer à la fois un grand nom et un grand cœur, que Montmorency eut le malheur de porter les armes contre son roi, et de combattre des Français.

Oui, cette noblesse réunie fera encore la force de nos institutions monarchiques, qui ne peuvent être défendues que par elle. La gloire, l'indépendance du trône lui seront chères; nos Rois y trouveront leur appui. Elle sera l'ornement en même-temps que la force de nos armées. Il n'y a point à reculer, le temps presse; nous n'avons les uns et les autres que cet heureux parti à prendre pour terminer nos malheurs; tous unis, ne rivalisons plus que de zèle. Notre amour pour la patrie sera le même. Nous serons les uns pour les autres les guides de nos enfans; nos intérêts seront confondus; nos familles se confondront aussi avec le temps; et nos fils rendront à l'Etat les mêmes services que lui ont rendus nos pères.

————

## §. IV.

### Religion ou Clergé.

———

Le clergé destiné à conserver parmi nous cette loi divine qui préside à nos mœurs, qui nous poliça autrefois, qui fait encore de nous le peuple le plus doux et le plus éclairé de la terre, le clergé complettera cet œuvre d'ordre qu'il aura ainsi entrepris de nouveau.

Le clergé régulier l'objet de tant de plaintes, quoiqu'il ait rendu de grands services, n'existe plus, et nos mœurs ne demandent point son rétablissement. Son devoir n'étoit pas d'assister au chevet du moribond, de recevoir l'enfance aux portes de la vie, et de consoler l'homme aux jours de son infortune. L'utilité dont il a été aux sciences et à l'agriculture est passée aujourd'hui. Ne nous occupons donc pas du clergé régulier si ce n'est pour conserver deux ordres, l'un de ces frères charitables qui enseignent les pauvres enfans, l'autre qui offre des pratiques sévères au repentir, et un asile au désespoir (1).

Que le clergé séculier soit le sujet de toute notre sollicitude. Il est indigne de chrétiens, il est indigne d'une société d'hommes, que celui qui prêche l'Evangile soit un objet de pitié, qu'il n'ait pas un morceau de pain à partager avec le pauvre qu'il exhorte à la patience. Combien nous en avons vu de ces hommes vraiment admirables, échanger leur sort contre celui d'un infortuné, car ils ne pouvoient soulager la misère sans s'y dévouer eux-mêmes. Et cette ressource qu'ils tiroient de leur propre malheur étoit bientôt épuisée. |Sans doute les joies de la religion ne sont pas dans les richesses. Pendant un temps les vases étoient de bois, et les cœurs étoient d'or. Mais quand les cœurs des prêtres étoient d'or, ceux des chrétiens n'é-

______________

(1) Il seroit encore à examiner s'il n'y auroit pas de l'avantage à perpétuer un ordre savant que les académies remplacent mal : les Bénédictins nous ont rendu des siècles entiers, et pourroient en conserver d'autres.

toient pas de bronze, et ils aidoient leurs frères.
La sainteté, les travaux du sacerdoce interdisent
aux ministres des autels les soins de leur existence. Cependant les choses saintes ne doivent
pas être mises à prix, et rien de ce qui remercie
le prêtre de sa prière ne doit avoir l'air d'un
salaire.

C'est pour cela que le clergé doit à ce qu'il
semble être pourvu de biens fonds. Qu'on les
attache si l'on veut à chaque cure à chaque
diocèse; l'intéressant est que la dotation des
prêtres appartienne à l'autel. La piété des fidèles
ne tardera pas à donner aux églises les biens
qui lui sont nécessaires, quand elle pourra les
voir protégés, et à l'abri de la rapine, et l'Etat
pourra à fur et à mesure appliquer aux autres
charges publiques, les revenus qu'il aura consacrés au culte au-delà des biens insuffisans qui
lui seront rentrés.

## §. V.

### Conclusion.

—

Quand toutes ces choses seront réglées, que nous aurons au-dedans le bonheur, que nous jouirons au-dehors de l'admiration de nos voisins, nous ne nous occuperons plus que de bénir le règne de nos princes. Nos institutions seront régénérées, nous serons parvenus au dernier point que puisse atteindre la civilisation. Nous ne mêlerons plus nos indiscrètes propositions aux lois que nous attendrons de la sagesse du gouvernement. Deux grands objets occuperont encore nos assemblées, les impôts et le nombre d'hommes à envoyer aux armées. Cette barrière est suffisante à la manie des conquêtes. Du reste la Charte sera la régulatrice de nos droits. Ses dispositions ne sont point de nature à vieillir, et nos neveux lui voueront autant de respect et d'amour que nous lui devrons de gloire et de bonheur.

FIN.